Hans Marbach

Das Mysterium der Kunst

Hans Marbach

Das Mysterium der Kunst

ISBN/EAN: 9783743634282

Hergestellt in Europa, USA, Kanada, Australien, Japan

Cover: Foto ©Thomas Meinert / pixelio.de

Weitere Bücher finden Sie auf **www.hansebooks.com**

DAS MYSTERIUM DER KUNST

VON

HANS MARBACH.

LEIPZIG,
VERLAG VON C. L. HIRSCHFELD.
1890.

DAS

MYSTERIUM DER KUNST

VON

HANS MARBACH.

LEIPZIG,
VERLAG VON C. L. HIRSCHFELD.
1890.

SEINEN GELIEBTEN ELTERN

OSWALD UND JOHANNA MARBACH

ZUR FEIER IHRER GOLDENEN HOCHZEIT

GEWIDMET VOM

VERFASSER.

INHALT.

I. Ein genealogisches Kapitel als Einleitung 1
II. Ein Dichterwort. 8
III. Der Weg aus dem Auge in die Hand 29
IV. Der Erfolg 52

I. Ein genealogisches Kapitel als Einleitung.

Die griechische Sage bezeichnete die Musen als Töchter des Zeus und der Mnemosyne, des lebenspendenden Vaters der Götter und Menschen und des Gedächtnisses. In unserem Gedächtnisse bewahren wir die Eindrücke auf, die in uns die Erscheinungswelt zurücklässt, unsere Vorstellungen. Diese mehr oder weniger klaren Bilder, die wir, vermöge der Einbildungskraft, wieder vor unser Bewusstsein zu führen im Stande sind, geben gleichsam den Stoff her, aus dem der Künstler seine Gestalten formt, sind gewissermassen seine Vorbilder.

In diesem Sinne kann man sagen, dass die Kunst auf Nachahmung beruhe, und zwar alle Künste, nicht nur diejenigen, bei deren Ausübung die Wirklichkeit dem Künstler direct Modell zu stehen scheint, den sogenannten bildenden Künsten und der Dichtkunst. Auch den Stoff zu unseren musikalischen und architektonischen Schöpfungen liefert sie uns. Freilich, so etwas wie eine Beethoven'sche Symphonie oder ein Kölner Dom, das der Künstler eben nur so nachzuformen brauchte, kommt in der Natur nicht vor, aber die Elemente, d. h. alle einzelnen Tongebilde und sichtbaren Formen, aus denen der Tondichter und der Baumeister ihre Werke zusammensetzen, sind Reminiscenzen aus der Wirklichkeit.

Ich sage mit Absicht Wirklichkeit und nicht Natur. Denn zur Wirklichkeit gehört etwas, was zur Natur nicht gehört, nämlich das, was wir das Künstliche nennen mit Einschluss der vorhandenen Kunstwerke selbst; kurz Alles, was der Mensch hervorgebracht hat — und dieses gerade bildet einen grossen Theil des Stoffes für den Bau- und den Tonkünstler. Zwar kann auch der Maler und selbst der Bildhauer künstliche Stoffe nachbilden, ein Schauspieler kann den andern copiren oder sich zum Muster nehmen, ein Dichter kann die Einrichtung eines Zimmers, einen Ballanzug oder den Schild des Achilleus beschreiben; alle Künste sind befähigt und berechtigt, das in ihrer Kunst Geleistete zu benutzen und es, je nach der Begabung des schaffenden Individuums, weiter auszugestalten; aber vorzugsweise sind doch gerade der Musiker und der Architekt auf dieses Stoffgebiet angewiesen — wie abhängig ist der erstere z. B. auch von der Beschaffenheit der Instrumente, während die anderen in viel näherer Beziehung zur Natur stehen und ein schier unermessliches Feld der Ausbeute in ihr besitzen.

Man kann also wohl sagen, dass die Phantasie nichts Neues producirt, sondern nur etwas reproducirt, und dass der Künstler darauf angewiesen ist, den der ihn umgebenden Erscheinungswelt entnommenen Stoff zu verarbeiten. Wie er das thut, ist seine Sache, jedenfalls kann er neu und selbständig sein nur im Zusammensetzen. Dass man von ihm nichts anderes erwartet, deutet u. a. schon der Sprachgebrauch an, indem man gerade denjenigen Künstler, der scheinbar nur Eigenes bietet, auch nur, und zwar ihn vorzugsweise, Zusammensetzer, Componisten, nennt.

Demgemäss ist man also auch berechtigt, alle Kunst als eine Art von Nachahmung zu betrachten, oder, mit dem Griechen bildlich sich ausdrückend, zu sagen: die Musen sind die Töchter der Mnemosyne.

Aber auch die Töchter des Zeus.

Was wollten die Griechen damit sagen? Wer ist überhaupt dieser Zeus? Wer ist dieser Allerweltsvater, dieser Gott der zärtlichen Verhältnisse, von dem ein attischer Schnaderhüpfeldichter hätte singen können, wie Béranger von seinem Könige von Yvetot:

> „Die schönen Mädchen liebt' er sehr,
> Sie liebten ihn nicht minder;
> Und „Vater" nannten ihn daher
> Kurzweg die Landeskinder."

Wer ist dieser olympische Don Juan, der sich sogar in das stille, verborgene Kämmerlein der erfahrungsreichen Jungfrau Mnemosyne einzuschleichen weiss und so liebliche Töchter mit ihr zeugt?

Ja, wer ist das?

Es giebt heutzutage Menschen, die an gar nichts glauben, selbst nicht an den hochheiligen Gott des Christenthums, der doch die Vernunft selber ist und desshalb auch für ein Kind zu begreifen. Und gar so ein alter mythologischer Heidengott kommt ihnen vor wie eine Fratze, ein aus allerlei Aberglauben und unklaren Vorstellungen und Begriffen zusammengewickelter Popanz, ein Pöbeljocus, um den sich verständige Leute gar nicht zu kümmern brauchen. Auch von der Vaterschaft im allgemeinen halten diese aufgeklärten Köpfe nicht viel; nach ihrer Ansicht wird eben Alles in der Welt von selbst, und wenn sie auch nicht gerade leugnen können, dass doch wenigstens ihresgleichen — wozu sie, von ihrem erleuchteten Standpunkte aus, allerdings Alles rechnen, was Odem hat und sich stolz ihrer Abkunft von Seequallen und noch viel unqualificirbareren Seethieren rühmen — kurz, wenn sie auch nicht gerade bestreiten können, dass ein lebendiges Geschöpf nicht gut ohne vorhergehendes einträchtiges Zusammenwirken von Männlein und Weiblein zur Welt kommen könne, so legen sie doch auf diesen Umstand wenig Werth und begnügen sich zu constatiren, dass jedes Kind eine Mutter hat — wie die Völker zu Olim's Zeiten, die auch nur ein „Mutterrecht" gekannt haben sollen.

Diese vormärzliche und dabei doch als funkelnagelneu gepriesene Weltanschauung auf die Kunst anwendend, behaupten einige von diesen reactionären Fortschrittlern, nach der Vaterschaft habe auch hier

Niemand zu fragen. Das einzige, was klar und desshalb zu berücksichtigen sei, das sei die Allen offenbare Herkunft von der Mutter, der Mnemosyne, und nach ihr allein habe das Kind sich zu richten, oder, um ohne Bild zu reden, die Kunst beruhe lediglich auf Nachahmung.

Diese Realisten, wie sie sich nennen, oder auch, zum Unterschiede von denen, die ein älteres Recht auf diesen Namen haben, diese Naturalisten wissen nicht, oder wollen nicht wissen, dass der grosse Denker — auch ein Grieche, aber kein Mythenerzähler —, der in so überzeugender Weise darauf aufmerksam machte, dass die Kunst auf Nachahmung beruhe, zugleich auch auf das bestimmteste ausspracht, dass sie nicht blosse Nachahmung sei, nicht lediglich ein Abbild der Natur zu geben habe, sondern etwas Höheres, Vollendeteres; denn die Natur verfehle ihre Gebilde. Das, was also die Kunst Vollendeteres zu leisten habe, könne nicht aus der Natur stammen.

Nun ist es allerdings eine merkwürdige Zumuthung an einen modernen Menschen, dass er sich um einen solchen alten Wortklauber, wie den Aristoteles, kümmern solle. Was gehen uns die Kunsttifteleien so eines aus dem Schutte hervorgegrabenen Säulenbummlers an, eines Menschen, der nicht einmal ein Katheder hatte?! Und wenn er eines gehabt hätte und stände noch darauf, was gehen uns alle verflossenen und gegenwärtigen Lehrer der Weltweisheit an? Wir haben es mit dem Publikum zu thun, das an die Kunst ganz andere Ansprüche stellt....

Halt! denke vom Publikum wie du willst; aber den Anspruch, den du ihm deiner Theorie zu Liebe andichtest, macht es nie. Kein Mensch, weder der naivste noch der gebildetste, verlangt von der Kunst, dass sie in ihm die Täuschung errege, als habe er die Wirklichkeit vor sich. Selbst von der allerneusten Lieblingsschöpfung auf dem Gebiete der bildenden Kunst, von den Pano-, Dio- und Cycloramen, die doch bloss auf solche Täuschung berechnet scheinen, verlangt man dies nicht. Niemand will in einem solchen Etablissement Pulverdampf einathmen, sich am Leichen- und Blutgeruch ergötzen. Niemand will Kanonendonner und Gewehrgeknatter hören; und selbst der Gesichtssinn, den doch die Malerei scheinbar völlig befriedigen soll, macht nicht den Anspruch, die Reiter fortstürmen, die Infanteristen und Artilleristen ihre Schusswaffen laden und losdrücken, die Getroffenen niedersinken und sich am Boden wälzen zu sehen. Wozu auch? Das hätte man in der Wirklichkeit noch viel „packender" haben können — wenn man nach so etwas überhaupt Verlangen trägt. Jedenfalls würde mit einer solchen vollendeten Nachahmung eine ganz andere Wirkung erzielt als die, die wir in der Kunst suchen. Schweizerpillen machen eben einen anderen Effekt als Haschischpillen. Das weiss jedes Kind. Und jeder Verständige weiss, dass ein gutes Gemälde schöner ist, als die beste Photographie, und dass eine Hand, von Praxiteles geformt, das Auge mehr entzückt als der Gypsabguss einer natürlichen Hand — wäre es selbst die Hand der Geliebten.

Ja, auch da, wo die Wirklichkeit uns mehr, unendlich viel mehr zu bieten scheint, und vielleicht auch zu bieten im Stande ist, als die Kunst, wo sie unser höchstes Sehnen zu befriedigen verheisst, auch da wäre es doch sehr thöricht, gerade vom Kunstwerk diese Befriedigung zu verlangen. Was hatte der arme Pygmalion davon, dass Venus sein Flehen erhörte und die geliebte Statue beseelte? Ein Weib — und noch dazu nicht einmal das liebenswürdigste, wie wir aus der reizenden Suppé-Henrionschen Operette wissen. Aber wäre es auch ein Engel in Menschengestalt gewesen und hätte sie den, der ihre Form aus dem Marmor herausgemeiselt, aus Dankbarkeit auch zum glücklichsten Sterblichen, wie man zu sagen pflegt, gemacht — um die eigentliche Künstlerfreude an seinem Werke, wie um das Werk selbst, hatte sich der voreilige Bildhauer doch gebracht. Und wer weiss, ob ihn sein späteres Zusammenleben mit der „gebornen von Marmelstein" dafür entschädigt hätte?

Denn um die Wirklichkeit unseren Wünschen gefügig zu machen, braucht es mehr, als des blossen Geniessens, dem das vollendete Kunstwerk seine Reize so willig zur Verfügung stellt. Der Wirklichkeit gegenüber gilt es, alle seine Sehnen anzuspannen; da bedarf es der That, der Entsagung, des Kampfes — während die Kunst, wie eine Botin aus

Elysiums Gefilden, uns lächelnd bei der Hand nimmt, um uns in ihr lichtes Reich hinüber zu geleiten.

Woher dieses himmlische Betragen? Und wenn es nicht von der Mutter stammen kann — wer ist der Vater, dem die Töchter in diesem Stücke so ähnlich sind? Nein, wir anderen einfältigen Gemüther, so sehr uns eine erhabenere, wenn auch ungemüthlichere Weltanschauung imponiren mag, wollen uns doch nicht abhalten lassen, diese Frage zu stellen, wollen uns den Zeus nicht nehmen lassen und wollen wenigstens untersuchen, ob dieser „Popanz" nicht doch noch mit etwas Anderem ausgestopft ist, als mit dem Stroh von Dummköpfen.

Glücklicherweise brauchen wir uns bei dieser Untersuchung nicht auf unsern eigenen Verstand allein zu verlassen, sondern sind in der angenehmen Lage, uns auf einige Andere berufen zu können, die sich mit dem gleichen Thema beschäftigt haben und immerhin, wenn sie auch einen längst überwundenen Standpunkt vertreten mögen, sich in gewissen Kreisen noch eines gewissen Credits zu erfreuen haben.

II. Ein Dichterwort.

Kurz nach dem Tode **Anzengruber's** wurde durch die Zeitungen eine Aeusserung dieses Dichters verbreitet, die ein helles Licht nicht nur auf sein eigenes, sondern auf das künstlerische Schaffen überhaupt wirft.

Es wurde erzählt, „dass Anzengruber, der nur Bauernkomödien schrieb, die Bauern nicht bloss nicht liebte, sondern sie nicht einmal kannte, viel weniger also Land und Leute für seine Werke sorgsam studirte. „ „Der Typus des Bauern" " — meinte er — „ „ist bald gegeben und mir handelt es sich um den Menschen. Das Bauern-Costüm ist mir das bequemste, weil in ihm der ursprüngliche Mensch noch am deutlichsten zum Ausdruck kommt, ohne dass ich die Culturschminke und die Convenienz des modernen Menschen erst abzukratzen brauche." "

Wer je sich über den Eindruck, den eine Anzengruber'sche Bauernkomödie macht, Rechenschaft abzulegen versucht hat, der wird zu dem Resultate gelangt sein, dass auf diesem Principe, dessen sich der Dichter so klar bewusst war, die gewaltige Wirkung seiner Kunst beruht. Der Mensch interessirt uns in diesen Stücken, nicht der Bauer, das Allgemeine, nicht das Besondere.

Und so verhält es sich mit jeder echten Kunstwirkung. Was macht uns denn Grützner zu einem so sympathischen Maler? Nicht dass er uns Mönche schildert, sondern dass er das ursprünglich Menschliche unter der Mönchskutte hervorzieht, das Behagen, den sorglosen Lebensgenuss, die leibliche und geistige Gourmandise dieser friedlichen, den Welthändeln glücklich entronnenen Menschen, kurz dass er die Seite ihres Daseins ins Licht stellt, die wir gern mit ihnen theilen würden -- das ist sein Verdienst.

Ebenso hat Fritz Reuter die Mecklenburger für die Menschheit entdeckt, hat den eigenthümlich schalkhaften, gutmüthig ironischen, allem Geschraubten und Gemachten abholden und dabei doch unendlich gemüthvollen Zug, der den plattdeutschredenden Volksstamm charakterisirt, zu Tage gefördert. Das, und das allein macht ihn zum Classiker.

Und Schiller, der uns den wildfremden Reitergeneral des dreissigjährigen Krieges „menschlich näher bringt"? Und Goethe, der aus dem mittelalterlichen Wunderdoctor, dem Teufelsbeschwörer, Schwindler und Betrüger eine Gestalt schafft, in der Jeder sich wieder erkennt? Und alle die Maler, die uns gezeigt haben, dass die Gottheit selbst nichts anderes ist, als ein Kindlein auf dem Arme seiner Mutter, oder ein Haupt mit einer Dornenkrone?

Also den ursprünglichen, den allgemeinen, den allen verständlichen Menschen, den will der Künstler darstellen, den sucht er heraus aus aller Verkleidung, aus allem Schmuck und aus allem Unrath, mit dem er bedeckt ist. Und wenn er den gefunden, ist sein Werk vollbracht.

Aber wie findet er ihn? Wie entdeckt er den allgemeinen Menschen im besonderen?

Es ist klar, dass, sobald er dieses Ziel ins Auge gefasst hat, die Wirklichkeit ihn sofort im Stiche lässt. Die Wirklichkeit giebt ihm eben nur Erscheinungen, Phaenomena, liefert seinem Gedächtnisse Vorstellungen, und zwar unklare Vorstellungen, während er klare sucht, d. h. solche, die sofort Verständniss, Sympathie erwecken müssen. Was seine Sinne ihm zuführen, ist nur ein Gewirr von Zufälligkeiten, ein unbegreifliches Durcheinander — und er sucht Ordnung, Absicht, Bedeutung. Wo findet er die?

Einzig nur in sich selbst. Sein Geist ist das, was die Hülle durchdringt, der geheime Maschinist, der das trübe Farbengemengsel plötzlich von innen beleuchtet und es vor unseren Augen in das herrlichste Transparentgemälde verwandelt. Der Künstler selbst ist der ursprüngliche, der allgemeine Mensch, den er in Allem sucht. Er selbst, in dem Beispiele, von dem wir ausgingen, Anzengruber.

Aber nicht der Anzengruber mit der Brille, der am soundsovielten geboren wurde, eine Zeit lang Polizeibeamter war, viel Noth und Trübsal erlitt, u. s. w. u. s. w., kurz, nicht der Anzengruber der biographischen Notizen, sondern der Dichter Anzengruber, der Geist, der durch die Anzengruber'sche Brille und durch die Anzengruber'schen Augen in die Welt hineinlugte und hineinleuchtete, der im Bauern den Menschen sah und desshalb den Bauer so darstellen konnte, dass er allen anderen Menschen vertraut und interessant wurde. Denn für den Mistgeruch, und die blossen, aber nicht immer ganz blanken Kniee, und das schauderhafte Deutschradebrechen, kurz für das Costüm wird sich doch so leicht Niemand begeistern — oder doch? Na, das ist ja Geschmacksache.

Sich selbst will er also zeigen, sich, den Künstler, sein Denken, sein Empfinden. Das Kunstwerk ist nur der Träger seines Geistes, die Form, in der sich als eigentlichster Inhalt des Künstlers Ich zum Ausdruck bringt. Das ist seine Leistung.

Gerade wie es die Leistung des Mathematikers ist, wenn er den Abstand der Sonne von der Erde berechnet. Der Janhagel wundert sich dann über die weite Entfernung; der Einsichtsvolle bewundert die Berechnung, als eine Manifestation des Menschengeistes.

Und eine solche Manifestation ist auch das künstlerische Schaffen. Diese Bewältigung der Materie durch den Geist, diese Verarbeitung des Stoffes zur Form, diese Umwandlung des Chaos zum Kosmos, das allein macht das Kunstwerk zum Kunstwerk. Eine Pastete ist bloss desshalb kein Kunstwerk, weil sie nicht der Ausdruck eines Geistigen ist und infolge dessen auch nicht zum Geiste spricht, sondern nur zum Gaumen. Ihr vornehmster Zweck ist der, verspeist zu werden; dieser wird erreicht durch den Stoff; die Form ist dabei Nebensache, und wenn das leckere Gebäck sich selbst in Gestalt des Petersdomes auf unserer Tafel breit machte, es stände in Hinsicht seiner ihm innewohnenden Bestimmung auf keiner höheren Stufe, als jedes andere wohlschmeckende Natur- oder Kunstprodukt, und die formloseste Auster erregt bei manchem Gaste vielleicht grösseres Wohlgefallen als die formvollendetste Pastete. Ebenso ist z. B. auch die Seiltänzerkunst keine Kunst im höheren Sinne, weil sie, selbst im Stadium der Virtuosität, nur eine ausschliesslich körperliche Leistung bleibt; während der Tanz zu den Künsten zu rechnen ist, denn schon dadurch, dass er den Takt in sich hat, erhebt er sich zu einem Ausdrucke für Geistiges — und zwar für den Geist des Künstlers.

Ueberhaupt, wenn wir bei einem Kunstwerk von Geist sprechen, ist es immer der Geist des Künstlers, den wir meinen; selbst wenn wir gar nicht an den Künstler denken. Eine Landschaft hat keinen Geist, keine Empfindung, keine Stimmung; die hat nur der Künstler. Der Dichter lässt den Sturm zu Leidenschaften, d. h. zu seinen Leidenschaften, als beredtesten Interpreten derselben, wüthen, „das Abendroth im ernsten Sinn erglühn", den Himmel lächeln und das Meer rasen, weil's ihm so zu Muthe war, weil er fand, dass diese Naturerscheinungen gewissen Vorgängen in ihm entsprachen, sie versinnbildlichten; desshalb hält er sie in seiner Kunst fest und theilt sich durch sie dem Hörer mit; und der Maler thut desgleichen.

Und an diesem Beispiele ersehen wir auch, wie der Stoff auf den Künstler wirkt, was ihn bei der Auswahl seiner Gegenstände leitet. Dass ihm etwas tauglich erscheint, der Träger seines Geistes zu werden, sich ihm als ein Mittel, sich verständlich zu machen, sich mitzutheilen, darbietet, weil es ihn selber sympathisch ergreift, seine eigene Empfindung gewissermassen auslöst, das bestimmt ihn, sich mit einem Stoffe zu beschäftigen und das allein befähigt ihn, den Stoff künstlerisch zu gestalten.

Wir können diesen Vorgang überall beobachten, wo wir auf echt künstlerische Thätigkeit stossen. In seinen „Vorlesungen über Göthe" giebt uns Herman Grimm auf eine wahrhaft geniale Art darüber Aufschluss, wie sich in dem grossen Dichter diese Vermählung des Stoffes mit der Form vollzog, wie der Stoff anregend auf ihn einwirkte und wie er seinerseits den Stoff durch seine Gestaltungskraft verlebendigte, ihn zum Kunstwerk heranbildete. Und Göthe selbst hat sich über diesen Punkt hundertmal ausgesprochen; am liebenswürdigsten und verständlichsten in dem kleinen Gedichte „Gellert's Monument."

„Als Gellert, der Geliebte, schied,
. . . .
Stand Oeser seitwärts von den Leuten
Und fühlte den Geschiednen . . . ."

Er studirte ihn nicht, trug nicht allerlei Aeusserliches über ihn zusammen, — nein, er fühlte ihn, d. h. er fühlte in sich dasselbe, was den innersten Lebensinhalt des Geschiedenen ausgemacht haben mochte — und so gelang es ihm, ein Kunstwerk zu schaffen, das den idealen Gellert darstellte, wie er im Geiste, im Gefühle, in der Liebe seiner Zeitgenossen lebte, für die er gedichtet, als welcher er der Nachwelt erhalten werden sollte.

„Und sammelte mit Geistesflug
Im Marmor alles Lobes Stammeln,
Wie wir in einen engen Krug
Die Asche der Geliebten sammeln." —

Schiller tadelte seinen grossen Freund, dass er im Egmont mehr ein Bild seiner, des Schöpfers selbst, als das des historischen Egmont gegeben habe; gerade wie Schiller selbst später von Otto Ludwig bemäkelt wurde, weil er, „der unendlich brave, humane Schiller", seine Individualität dem Wallenstein untergeschoben habe. Aber konnten sie denn anders? Kann ein Künstler überhaupt etwas anderes, als Sich geben, sobald er es nämlich darauf abgesehen hat, natürliche, menschliche, wahre Empfindungen auszudrücken? Die Garantie dafür, dass eine Empfindung echt sei, hat er doch nur dadurch, dass er sie in sich selbst spürt. Er kann sich wohl im Stoffe vergreifen, den er zum Träger seiner Empfindungen erwählt, aber nicht in der Art der Behandlung. Und wenn es dem Künstler nur gelingt, den Stoff soweit zu bewältigen, dass sein, des Künstlers Geist einigermassen zum Ausdruck gelangt, so wird selbst diese unvollkommene Mittheilung uns mehr ergreifen, als wenn er uns die seltsamsten Abenteuer berichtet, bei denen sein Inneres nicht betheiligt ist.

Und andererseits wieder söhnt uns diese innere Betheiligung des schaffenden Künstlers mit dem fremdesten, uns widerstrebendsten Stoffe aus, lässt uns ein Bild der Natur in dem erkennen, was der

Natur so unähnlich wie möglich ist. Eine Caricatur von Wilhelm Busch! Kann es etwas geben, was der Wirklichkeit, als Ganzes betrachtet, weniger entspräche? Diese paar Striche haben fast gar nichts gemein mit der Vorstellung, die sie „nachahmen" sollen. Und doch frappirt uns die Lebensähnlichkeit. Aber das, was uns so bekannt und sympathieerweckend aus ihnen ansieht, das Leben in diesen seltsamen Gebilden, das ist der Geist des Künstlers, der da etwas zur klaren Erscheinung gebracht hat, was wir in dem Chaos der Eindrücke, die die Wirklichkeit in uns hervorgebracht, nicht so deutlich zu erkennen vermochten; es ist der Geist des Künstlers, der dieser Formen habhaft wurde dadurch, dass er sich sympathisch in das Wesen der Erscheinung versenkte und so herausfühlte, was die einzelnen Züge zu bedeuten haben — und diese Bedeutung macht er nun dadurch klar, dass er jene Züge hervorhebt, isolirt. — Alles Carikiren und Charakterisiren beruht auf einem solchen geistigen Vorgange. Das Auge des Künstlers bleibt nie auf der Oberfläche der Dinge haften und die schärfste Beobachtung des Aeusseren wäre nutzlos für ihn, wenn er den Gegenstand nicht mit seinem Geiste zu durchdringen vermöchte. Erst das giebt ihm die richtige Auffassung und führt seine Hand bei der Darstellung, dass sie die richtige Linie zieht, gerade die, auf die es ankommt.

Diese richtige Auffassung, dieses Verstehen des Lebens, diese Wahlverwandtschaft mit dem Stoffe, dieses Vergeistigen, Vermenschlichen, Idealisiren der Wirklichkeit als Erscheinung, das ist also das, was allem künstlerischen Schaffen zu Grunde liegt; das leitet den Künstler und das fassen die zuerst ins Auge, die sich über das Wesen der Kunst unterrichten, oder andere über dasselbe unterrichten wollen. „Nicht die Darstellung des Geschehenen", sagt Aristoteles, „macht den Dichter, sondern die Darstellung der Begebenheiten, wie sie auf eine bestimmte Art geschehen sein könnten, und das Mögliche nach der Wahrscheinlichkeit oder Nothwendigkeit." Also die Dinge darzustellen, nicht wie sie erscheinen, sondern wie sie sind, d. h. wie wir sie auffassen, denn unsere Auffassung ist ihr Sein, ihre Wahrheit. — Und ferner sagt der griechische Denker in Bezug auf das Trauerspiel: „Nicht nur vollständige Handlungen soll die Nachahmung darstellen, sondern auch Furcht und Mitleid erregende. Diese werden aber diese Beschaffenheit erlangen, wenn sie wider Erwarten eintreten, mehr aber, wenn sie durch einander bedingt sind. Denn so wird durch sie weit mehr Bewunderung erregt, als wenn sie plötzlich und durch eigentlichen Zufall sich ereignen. Denn unter den zufälligen Begebenheiten erregen die die meiste Bewunderung, welche sich gleichsam aus Absicht ereignet zu haben scheinen, wie die Statue des Mitys in Argos den Urheber des Todes des Mitys tödtete, indem sie auf den Beschauenden herabstürzte. Denn eine Begebenheit dieser Art schien nicht durch Zufall sich zu ereignen."*) — Und in demselben Sinne schrieb fünfhundert Jahre später ein römischer Kaiser und Philosoph, der kein Nachbeter war: „Zuerst wurden die Trauerspiele eingeführt, um es den Zuschauern begreiflich zu machen, dass gewisse Begebenheiten natürlicher Weise so und nicht anders erfolgen können, und dass sie das, was ihnen im Schauspielhause anziehend erscheint, auf der grossen Schaubühne der Welt nicht widerwärtig finden dürfen. Sehen sie ja doch, dass Alles nothwendig so kommen musste, und dass am Ende auch die, welche „ „Ach Kithäron" " ausriefen, es haben ertragen müssen." (Marc Aurel's Selbstbetrachtungen, übersetzt von Albert Wittstock.)

Solches gilt von dem Tragiker, der unter den Künstlern die Vernunft repräsentiren soll, den Glauben, die Versöhnung, die gotterfüllte Begeisterung. Aber damit ist das künstlerische Ich, das Menschheitsideal, noch lange nicht erschöpft. Auch der Narr ist in seinem Rechte, wenn er uns die Schwächen der Menschen von ihrer belustigenden Seite zeigt, der Satiriker, wenn er die bittre Lauge seines Hohnes über Alles ausgiesst, was ihm hassenswerth erscheint. Und so hat jede Art von geistiger Auffassung auf dem weiten Gebiete der Kunst ihre Berechtigung. Jeder Künstler repräsentirt eine bestimmte Seite der Menschheit — nicht eine Absonderlichkeit, denn dann würde er auf Verstandenwerden keinen Anspruch

---

*) Die beiden Citate aus Aristoteles sind nach der C. H. Weise-schen Uebersetzung.

haben — sondern eine Eigenschaft, die Alle besitzen, nur dass sie bei ihm besonders ausgebildet und zur formgebenden Kraft herangereift erscheint. Dieser Kraft gemäss wählt der Künstler seine Stoffe und bearbeitet sie, indem er sie mit seiner Individualität durchdringt und sie seiner Individualität entsprechend zur Anschauung bringt. In diesem Verschmelzen seines Ich mit der Welt der Erscheinung und in der Herausgestaltung einer neuen, nur durch ihn möglichen Form, darin besteht seine Arbeit — und seine Lust.

Ja, in dieser Vergeistigung, Beseelung, Belebung, Vermenschlichung, Individualisirung, Idealisirung — es ist Alles dasselbe —, in diesem Ergreifen und Gestalten des Weltbildes liegt ein unendlicher Reiz. Nie müde wird der Künstler, seinen Zauberstab nach allem auszustrecken, was er erreichen kann, und es durch seine Berührung „zu malerisch entzückter Schau" umzuwandeln, sich selbst in allen diesem wiederzufinden und zu zeigen.

> „Ihm dient, was hoch und niedrig ist,
> Das Nächste, wie das Fernste;
> Im leichten Spiel ergötzt er uns
> Und reisst uns hin im Ernste.
> Sein Geist, des Proteus Ebenbild,
> Ist tausendfach gelaunet . . ."

Bald will er höhnen, bald versöhnen; bald weinen, bald lachen. Jede Rolle möchte er spielen: heute den Bettler, morgen den König; heute Gott und dem Teufel ein Schnippchen schlagen, und morgen zum Preise des Höchsten ein Lied anstimmen; heute Nichts fürchten und Nichts hoffen, und morgen von Begierde zu Genuss taumelnd an einer Welt nicht Genüge finden; heute in der Schenke sich mit betrunkenen Bauern herumbalgen, oder in der allerexclusivsten Gesellschaft dem Bacchus und der Venus discrete Opfer bringen, und morgen auf offenem Meere mit Nixen und Tritonen das ungezwungenste Badeleben führen; heute sich in wilder Verzweiflung das Haar ausraufen: „O Mutter, Mutter! Hin ist hin! Verloren ist verloren!" Und morgen sich über das Bett des Todten beugen und sagen: „Er schläft."

Immer theilnehmend und immer mittheilsam; in Alles hineinredend und aus Allem herausredend; Weisheit predigend aus dem Munde der Thiere; Allem etwas abgewinnen, wodurch es ergötzt, belehrt, interessirt, unsere Sympathie erregt — und das gerade, wie's ihm beliebt; einen heiligen Antonius mit dem Pinsel eines Murillo malend, oder ihn mit der Feder eines Busch zeichnend; das Grauenhafteste von der heitersten Seite auffassend und über dem Grabe einen Todtentanz aufführend, oder einen tiefen Sinn findend, selbst im Wahnsinn; alle unsere Götzen zertrümmernd oder uns die Existenzberechtigung eines Geschöpfes nachweisend, das seinerseits in Hinsicht auf uns nur den frommen Wunsch hegt, uns aufzufressen — ich denke dabei an den famosen Löwen von Delacroix in der Gallerie des Luxemburg. Schaut die Bestie nicht so stolz und siegesbewusst drein, die eine Tatze auf den rothhosigen Soldaten gestellt, den sie soeben niedergerissen hat, dass wir ihr unsere aufrichtige Hochachtung nicht versagen können — und fast in Versuchung gerathen, ihr gesegnete Mahlzeit zu wünschen?

Ja, sogar für das Alles verneinende, Alles vernichtende Princip selbst weiss uns der Künstler zu interessiren und uns dessen Berechtigung darzuthun. Die absolute Negation, die für Alles nur den grimmen Fluch hat: „denn Alles, was besteht, ist werth, dass es zu Grunde geht; drum besser wär's, dass Nichts entstünde", selbst den Teufel macht er uns zum Spiel, an dem wir unsere Freude haben. Denn er, der Künstler, bejaht Alles, Alles, worin er sein Wesen wieder erkennt, und das ganze unendliche Gebiet der Erscheinungswelt wird ihm zum Stoff, aus dem er Gestalten formt, die ihm gleichen.

Es ist eben seine Natur, sich zu vermannigfaltigen, zu zeigen, dass der Mensch etwas anderes ist, als bloss so ein elendes, sterbliches Wesen, das aufschiesst, wie Unkraut, und verdorrt wie Gras; dass er dagewesen ist von Anfang an und an Allem Theil hat, soweit seine fünf Sinne und seine Vernunft reichen.

„Ja, ich bin schon oft gewesen
Und ich werde oft noch sein,
Immer als dasselbe Wesen
Mit verändertem Gebein.

Immerdar aus andrer Mischung
Eine neue Creatur,

In der Neugeburt Erfrischung,
Die unsterbliche Natur.

Wieder komm' ich, komme wieder,
Kommt doch Seele und Begier,
Kommen Liebe doch und Lieder,
Ich doch selber her aus mir!

Mit dem Auge der Gestalten,
Die zu innigstem Verstehn
In mir wirkend mich durchwalten,
Hab' ich schon die Welt gesehn.

Heller oder trüber — immer
Aber mit dem Blick voll Licht,
Der hervor wie Sternenflimmer,
Wie aus Sonnenfluthen bricht.

Ob der Leib in engern Schranken,
Oder weitern sie verwahrt,
Gleich doch bleibt sich der Gedanken
Zug und der Gefühle Art."

W.*)

Dieser festen Zuversicht will er Ausdruck geben; seine Ewigkeit will er beweisen, seine göttliche Abstammung; offen darthun, dass er nicht nur einen leiblichen Vater hat, quem nuptiae demonstrant, sondern auch einen geistigen, als dessen echter Sohn

---

*) Es gereicht mir zur besonderen Genugthuung, das obige, handschriftlich mir vorliegende Gedicht eines hochverehrten Freundes, mit dessen Genehmigung, zum ersten Male veröffentlichen zu dürfen. Ungesucht floss es mir als ein Beleg für das von mir Gesagte in die Feder.

er sich selbst legitimiren muss durch seine Kraft und seine Thaten; von dem er das hat, was man die Werdelust nennt, der in allem Geschaffenen lebt und dessen sich Alle bewusst sind, ihn mit tausend Namen nennend und doch in keinem ihn ganz aussprechend; der alles Geschaffene trennt und alles wieder verbindet, eben weil sein Wesen darin besteht, sich ins Unendliche zu vervielfältigen und sich immer wieder zu suchen und zu finden — weil er das All' ist und das Einzigeine — der Zeus.

Im Anfange dieses Capitels nannten wir dieses gestaltende Princip Anzengruber, wie sich der Leser erinnern wird.

Es hat eben im Laufe der Zeiten — soeben wurde es schon gesagt — gar viele Namen gehabt. Und wenn sie es auch alle nicht ganz aussprechen, so beleuchten sie doch die verschiedenen Arten seines Wesens, je nach der Auffassung derer, die ihm den Namen beilegten. Wuotan nannten es die alten Deutschen, was, wie Jac. Grimm behauptet, mit „Wünschen" zusammenhängt. Und noch energischer betont Schopenhauer diese Seite des höchsten Wesens, indem er es als den Willen bezeichnet. Logos hiess es bei den Griechen und in der christlichen Lehre, die ihrer Natur nach mehr Gewicht auf die zielbewusste, geistige Seite des Schaffens legen. Und beide Auffassungen verbindet der tiefste Denker der neueren Zeit, Spinoza, indem er ausdrücklich Denken und Wollen als dasselbe erklärt. Werdelust, Daseinswonne, Ohnefurcht wären auch schöne Namen, die ich hier nicht zu vertheidigen brauche, da ein anderes Leipziger Kind, das in göttlichen und menschlichen Dingen besser Bescheid wusste, als Schreiber dieses, schon vor einer Reihe von Jahren diesen Grundzug des göttlichen Wesens gegen die Schopenhauerianer und Hartmannianer seiner Zeit nicht ohne Glück in Schutz genommen hat, nämlich Leibnitz in seiner Theodicee. (Heutige Pessimisten finden sie in der Reclambibliothek und können sich so für wenige Pfennige von ihrem Uebel befreien.) Mag man aber auch diesen Daseinstrieb und -drang selbst auf ein Krankheitsgefühl zurückleiten, wie Jacob Böhm, der mystische Schuster, an dessen grossartigen Speculationen immerhin ein bisschen Pech klebt, — oder wie Heinrich Heine, der die Marotte hatte, das Bild der Sonne am liebsten in einer Pfütze zu bewundern und doch dabei recht gut, besser als viele seiner Bewunderer, wusste, dass die Sonne eigentlich das sei, worauf sein innerstes Sehnen gerichtet war, wohl fühlend, dass die Unvollkommenheiten nur dazu da sind, die Menschen zur Vollkommenheit zu erziehen, indem sie ihn zur That antreiben — wie er es in seinen „Schöpfungsliedern" ausspricht:

> „Krankheit ist wohl der letzte Grund
> Des ganzen Schöpfungsdrangs gewesen;
> Erschaffend konnte ich genesen,
> Erschaffend wurde ich gesund."

Aehnlich wie Göthe, der dem „Herrn" die Worte in den Mund legt:

„Des Menschen Thätigkeit kann allzuleicht erschlaffen,
Er 'liebt sich bald die unbedingte Ruh';
Drum geb' ich gern ihm den Gesellen zu,
Der reizt und wirkt und muss als Teufel schaffen."

Mag man also das Göttliche nur verstehen, wenn man es sich auf menschlich bedingte Weise zurechtlegt, es bleibt immer das in uns, was uns erhebt, die Schranken unserer Besonderheit, unserer egoistischen Interessen durchbricht und uns mit dem Allgemeinen zur reinsten Wonne verbindet, zu dem überwältigenden Gefühle, dass das All nur zur Freude geschaffen sein kann, und wie das Ganze, so auch die Theile.

„Freude heisst die starke Feder
In der ewigen Natur.
Freude, Freude treibt die Räder
In der grossen Weltenuhr!" —

Und:

„Was den grossen Ring bewohnet,
Huldige der Sympathie!
Zu den Sternen leitet sie,
Wo der Unbekannte thronet."

Der Unbekannte — weil er ausser dem, worin er sich uns offenbart, worin wir seiner gewiss sind, der Freude und Sympathie, auch noch etwas hat, was wir nicht kennen, wodurch er uns furchtbar ist; weil wir ihn als Ganzes immer nur ahnen und nie erfassen; weil wir nur durch vereinzelte Manifestationen unseres Wesens uns mit ihm eins wissen, aber nie dahin gelangen, uns völlig mit ihm zu verschmelzen. Und doch strebt unser innerstes Wesen nur diesem Ziele nach. Alle unsere Kräfte stehen die Natur, — dadurch allein, dass er das Göttliche in ihr erschliesst. Dadurch allein entspricht er auch der ernsten Mahnung, die Schiller an ihn richtet:

„Der Menschheit Würde ist in eure Hand gegeben;
Bewahret sie!" — —

Indem er sich zum Herolde der Gottheit macht, vollbringt er sein Werk der Befreiung, löst er den Einzelnen aus seiner Abgeschlossenheit und Einsamkeit und lässt ihn sich als Glied eines wohlgeordneten Ganzen empfinden, erhebt er ihn über das egoistische Sonderinteresse zum Interesse für Alle, aus der Gemeinheit zur Allgemeinheit, erweitert er die Grenzen unseres Daseins

„Und malt mit lieblichem Betruge
Elysium an unsre Kerkerwand."

Nur dass der Betrug nur so lange Betrug ist, als die Kerkerwand uns umfangen hält, um sich, wenn sie gesunken, als etwas ganz anderes zu enthüllen:

„Was wir als Schönheit hier empfunden,
Wird uns als Wahrheit dort entgegengehn." —

Von so hehrer Art ist die Kunst, und jedes ihrer Gebilde tritt vor uns in dem lichten Gewande der Hoffnung, die des Wunsches Zwillingsschwester ist, in der Silberrüstung des Schwanenritters, und kann, wie er, mit Wagner's Worten singen:

„Aus Glanz und Wonne komm' ich her."

Und dazu noch: Zu Glanz und Wonne will ich euch geleiten. — —

Man sieht, es ist doch nicht so übel, einen Vater zu haben, sei es auch nur einen heimlichen, besonders wenn dieser Vater sich Zeus nennt. —

Vielleicht ist selbst den Herren „Nachahmern" par excellence, den Naturalisten, bei dem, was bisher gesagt worden, ihr Verzicht auf diese kräftige Unterstützung künstlerischen Strebens einigermassen leid geworden. Doch sind wir noch nicht so weit gelangt, ihnen schon ernstlich in's Gewissen reden zu wollen. Erst durch das Folgende hoffen wir, sie ganz mürbe zu machen, um ihnen dann mit begründeter Aussicht auf Busse und Besserung darthun zu können, dass sie sich auf dem Holzwege befinden. Nachdem wir vom Principe des künstlerischen Schaffens gesprochen, müssen wir uns erst noch den Modus desselben klar zu machen suchen, soweit es geht.

III. Der Weg aus dem Auge in die Hand.

Schade, dass der Prinz in „Emilia Galotti" gerade zu sehr in seine Privat-Angelegenheiten vertieft war, als der Maler Conti, der „denkende Künstler", die verfängliche Frage an ihn richtete, ob „Rafael nicht das grösste malerische Genie gewesen wäre, wenn er unglücklicher Weise ohne Hände wäre geboren worden." Vielleicht hätte der leutselige Gebieter von Guastalla, da er gerade bei besonders guter Laune war, sich herbeigelassen und dem denkenden Frager eine gnädige Antwort gegeben — und wir hätten dann doch ein competentes Urtheil, das uns vielleicht eine Menge von unerspriesslichen Discussionen, die sich später an dieses schwierige Problem geknüpft haben und voraussichtlich noch knüpfen werden, erspart haben würde.

Aber der Prinz war nun einmal — zerstreut, und der höchste Gewinn, den wir aus dieser Unterredung etwa herausschlagen könnten, wäre vielleicht der, dass wir versuchten eine Antwort zu finden, die dem Geiste dieses erleuchteten Kunstmäcens einigermassen entsprechen dürfte.

„Lieber Conti", würde der Prinz möglicherweise gesagt haben, wenn er nicht, wie schon angedeutet wurde, gerade ganz und gar den Künstler über dessen Werk vergessen gehabt hätte, „lieber Conti, Sie haben ganz Recht. Unzweifelhaft wäre Rafael das grösste malerische Genie gewesen, auch wenn er unglücklicherweise ohne Hände wäre geboren worden, vorausgesetzt nämlich, dass er gelernt hätte, den Pinsel mit den Füssen, oder auch mit dem Munde zu führen, wie das ja schon dagewesen sein soll. Denn malen muss einer doch können, der für einen Maler gehalten werden will, noch dazu für einen grossen Maler. Oder glauben Sie etwa, lieber Conti, dass ich Sie mit gutem Gewissen einen denkenden Künstler hätte nennen dürfen, wenn Sie zufällig ohne Kopf auf die Welt gekommen wären?"

So vielleicht hätte Hettore Gonzaga, Prinz von Guastalla, an jenem denkwürdigen Morgen, der für die arme Emilia Galotti, für ihren kreuzbraven Bräutigam und für ihren prächtigen, trotz seiner grossen Wasserstiefeln durchaus antiken Vater so verhängnissvoll werden sollte, dem Maler Conti auf dessen etwas dreiste Frage geantwortet — und wer weiss ob dieser, bei aller seiner Unverfrorenheit, oder, schwunghafter ausgedrückt, bei allem seinen „Männerstolz vor Königsthronen" noch den Muth zu einer Replik gefunden haben würde. Ja, Prinzen haben gut Witze machen, und dem braven Maler Conti wäre vielleicht auf dem Nachhausewege eingefallen, dass es doch von der Vorsehung recht weise gewesen sei, ihn nicht ohne Kopf geboren werden zu lassen. Denn wenn man diesen Theil des menschlichen Körpers auch gerade nicht zum Denken nöthig haben sollte, so braucht man ihn doch unbedingt, wenn man sich hinter den Ohren kratzen will. — — —

Es ist das grosse Verdienst Conrad Fiedler's in seinem wenig umfänglichen aber desto inhaltreicheren Werke „Ueber den Ursprung der künstlerischen Thätigkeit" durch zwingende Schlussfolgerung nachgewiesen zu haben, dass die künstlerische Thätigkeit vor allem eben eine Thätigkeit ist, das Kunstwerk das Produkt eines Schaffensprocesses, der in der Anschauung zwar seinen Ursprung nimmt, aber erst im fertigen Werke endet. Dass es also nicht auf das sehende Auge ankomme, sondern auf die bildende Hand.

Wenn der Maler Conti dieses Buch hätte lesen können, so würde er sich darüber klar geworden sein, dass sein Rafael ohne Hände eine Gedankenlosigkeit, ein unbeabsichtigter, schlechter Witz gewesen, und dass sein Wunsch, unmittelbar mit den Augen zu malen, ein verzweifelt dilettantisches Gepräge trage. Denn für den Dilettantismus ist es charakteristisch, dass er da aufhört, wo die Schwierigkeit anfängt, mit der Ausflucht, die er sich selbst heimlich macht: ich habe kein Talent. Er bildet sich ein, das Talent bestehe in der Leichtigkeit, während es doch in der Kraft besteht, Schwierigkeiten zu überwinden. — Und er, der Maler Conti, würde sich auch fernerhin überzeugt haben, dass „auf dem langen Wege aus dem Auge, durch den Arm in den Pinsel" gar nicht so viel verloren gehe, wie er jammert, sondern im Gegentheil Alles gefunden, das heisst erarbeitet und erworben wird, was den Künstler zum Künstler macht. Denn die Kunst besteht eben nicht in einem wollüstigen Empfangen und Auffassen, sondern sie entsteht nur daraus. Empfangen und Auffassen kann Jeder — aber nur der, der das Empfangene und Aufgefasste zu gestalten sich abmüht, und dem es gelingt, der allein ist ein Künstler. Die Rafaels ohne Arme, die Leute mit tiefer Empfindung, aber ohne Talent, die sogenannten guten Menschen und schlechten Musikanten, die verkannten Genies, die Schriftsteller, die nicht schreiben, sondern bloss — schwatzen, zu denen sich u. a. Brachvogel's Narciss rechnet, die kann man zwar sehr bedauern; denn die meisten von ihnen sind in der That unglücklich — aber bewundern sollte man sie nie, nicht einmal zum Schein, in der guten Absicht etwa, sie zu trösten. Dadurch bestärkt man sie nur in ihrer Selbstverblendung, der Quelle ihres Unglücks.

Doch dies nur nebenbei. Halten wir vor Allem fest, dass die künstlerische Thätigkeit ein Vorgang ist, der, wie Fiedler mit besonderer Rücksicht auf die bildenden Künste schreibt, „mit der Wahrnehmung des Gesichtssinnes beginnt und mit der äusserlich sichtbaren Darstellung endet", der es unternimmt, das Chaos der der Wirklichkeit entnommenen Vorstellungen zu ordnen und in einer durch die menschliche Arbeitskraft, gemäss dem formgebenden Principe der Idee, hervorgebrachten Erscheinung zu reproduciren! „Nicht durch eine besondere anschauliche Begabung zeichnet sich der Künstler aus", sagt Fiedler, „nicht dadurch, dass er mehr oder intensiver zu sehen vermöchte, dass er in seinen Augen eine besondere Gabe des Zusammenfassens, des Umgestaltens, des Veredelns, des Verklärens besässe, so dass er in seinen Leistungen doch nur Errungenschaften seines Sehens offenbare; er unterscheidet sich vielmehr dadurch, dass ihn die eigenthümliche Begabung seiner Natur in den Stand setzt, von der anschaulichen Wahrnehmung unmittelbar zum anschaulichen Ausdruck überzugehen; seine Beziehung zur Natur ist keine Anschauungsbeziehung, sondern eine Ausdrucksbeziehung." Also eine Thätigkeit, durch die, wie das Fiedler dann weiter ausführt, wir erst in den Besitz der Erscheinungswelt gelangen, uns der sinnlich wahrnehmbaren Seite der Wirklichkeit bemächtigen. „Die Hervorbringung und Darstellung eines solchen Wirklichkeitsbesitzes haben wir als den eigentlichen Sinn der künstlerischen Thätigkeit" zu betrachten.

Wer dieses, durch die unwiderleglichste logische Beweisführung herbeigeführte Resultat des Fiedlerschen Werkes sich anzueignen vermag, sieht sich mit Einem Schlage auf einen Standpunkt erhoben, der ihn von allen falschen Urtheilen über das Wesen der Kunst und über den Werth ihrer Produktionen im Allgemeinen befreit.

Von diesem Standpunkte aus wollen wir zunächst auch noch einen Blick auf den sogenannten Naturalismus werfen, nicht um seine Anhänger und Verkünder zu bessern und zu bekehren, wie wir scherzweise am Ende des vorigen Capitels drohten, sondern um denen die das Unglück haben, dieser lärmenden Kunst-Heilsarmee auf der Strasse zu begegnen, ein wenig aus dem Gedränge zu helfen.

Wie kann denn, fragen wir jetzt, bei der künstlerischen Produktion überhaupt von einer Nachahmung im Sinne der Naturalisten, d. h. von einer blossen Nachahmung, die Rede sein, wenn das, was sie für ihr Vorbild ausgeben, also die Erscheinungswelt, erst durch die künstlerische Thätigkeit zu einer klaren und deutlichen Vorstellung herausgearbeitet werden muss? Wie kann das Chaos von Eindrücken, das wir Wirklichkeit nennen, und dem wir eben mit dem Bedürfniss gegenüberstehen, uns in demselben zurecht zu finden und es in unsern geistigen Besitz zu bringen, mit einem Worte, es zu idealisiren, — aus welchem Bedürfnisse u. a. die Kunst hervorgeht — wie kann dieser blosse Stoff, der von uns erst die Form zu empfangen hat, zugleich schon das Muster sein, nach dem diese Form zu Stande kommen soll?

Der innere Widerspruch liegt hier auf der Hand. Und wenn es sich als eine Absurdität herausstellt, dass man den Stoff bearbeiten will, bloss um denselben Stoff wieder hervorzubringen, wenn es sich als unzweifelhaft ergiebt, dass das Vorbild, nach dem man sich richtet, das formgebende Princip, nicht im Stoff, in der Wirklichkeit, im Objecte liegen kann, so muss es im Subjecte liegen, im schaffenden Künstler, d. h. im menschlichen Willen, in der Idee.

Künstlerisch thätig sein heisst demnach — es kann nicht oft genug gesagt werden — idealisiren. Und selbst der erbärmlichste Stümper und Naturalist, sobald er künstlerisch thätig ist, idealisirt — ohne es zu wissen und zu wollen. Freilich ist sein Idealisiren auch danach. „Es kommt nicht 'raus" sagen die Maler.

Denn je mehr sich der Naturalist, seiner Befähigung entsprechend, bemüht, der Natur äusserlich, möglichst ohne geistige Auffassung, näher zu kommen, desto weiter flieht sie vor ihm, zerstiebt in alle Winde, und rathlos steht der, dem das geistige Band fehlt, dem Chaos gegenüber. Die Natur verliert sich immer in's Grenzenlose. Man versuche nur einmal eine menschliche Hand so zu malen, wie sie wirklich aussieht, oder auch nur eine Rose. Dafür würden nicht alle Farbentöpfe der Welt genügen, und kein Pinsel wäre spitz genug, um auch nur den millionsten Theil der Feinheiten wieder zu geben, die die Natur in ihre scheinbar einfachsten Gebilde gelegt hat. Ein dahin gerichtetes Streben ist eben so zwecklos in Hinsicht auf die künstlerische Leistung, als es verderblich für den Künstler ist. Das Haupt der realistischen Schule Frankreichs, Zola selbst, hat die Verzweiflung eines solchen Unglücklichen in seinem merkwürdigen Romane „L'oeuvre" meisterhaft dargestellt. Er schrieb da aus Erfahrung, er, der in einem andern Werke, ich weiss nicht, wie viele Capitel braucht, um einen Gemüsemarkt zu schildern und mit allem Naturstudium und der mühseligsten Detailmalerei es doch nur soweit bringt, dass es im Kopfe des Lesers aussieht — wie Kraut und Rüben. Wenn trotzdem Zola's künstlerische, d. h. idealistische Begabung nicht ungleich grösser wäre, als seine kunstphilosophische, so würde er wohl selbst den Weg gegangen sein, den er den Helden des soeben genannten Romanes gehen lässt, diesen grauenvollen Weg, der mit einem Sprunge in den Seinefluss endet. Aber er steht, trotz seiner falschen Theorie, auf einer viel höheren künstlerischen Stufe, als so Manche, die sich Idealisten nennen, und deren Idealismus darin besteht, dass sie die Natur nicht kennen. Gegen diese ebenso abgeschmackte und noch viel gefährlichere Richtung der Kunst ist Zola's Realismus eine sehr heilsame Reaction. Nur dass er eben nicht die richtige Etikette auf seine Flaschen geklebt hat.

Der echte Idealismus besteht ja gerade im Erkennen der Natur. Die Natur studiren, sie nachahmen, wahrhaft realistisch sein heisst doch für jeden vernünftigen Menschen nichts anderes, als sie mit dem Geist und dem Willen durchdringen, sich mit ihr Eins fühlen, sie verstehen, sie idealisiren. Dazu braucht man die Natur auch gar nicht zu ändern, im Gegentheil, man muss sich ihr ganz hingeben, ganz in ihr aufgehen; und nur insofern ich in ihr aufgehe, eigne ich mir sie an, gelange ich zu einer Form, die zugleich ganz Ich ist und ganz Natur, und schaffe ein Gebilde, das sich unmittelbar als ein für uns hervorgebrachtes, unsere Ansprüche befriedigendes, verständliches ausweist.

Wie weit der Künstler auf diese Weise in das Reich der Wirklichkeit erobernd eindringt, das hängt von seiner Begabung ab. Und er möge es thun unter welcher Flagge er wolle, ob als Naturalist oder als Idealist, ist nur sein Streben darauf gerichtet, wirklich dem Menschen etwas zu gewinnen, so wollen wir ihn loben. Warum auch nicht? Gelingt es dem sich Naturalisten nennenden Künstler uns etwas interessant, sympathisch zu machen, was uns vorher gleichgültig, ja widerlich war, so verdient er seinen

Kranz so gut, wie die andern. Er ist ein Mehrer unseres Reiches. Bringt er uns aber nur ein Häufchen Unrath von seinem Eroberungszuge mit nach Hause, so stecken wir ihn zur Thür hinaus; ganz einfach.

Ein Grösseres verlangen wir vom Künstler; ein Grösseres verlangt der Künstler von sich selbst. Sich der Erscheinung zu bemächtigen als eines Ausdrucks für sein eigenes Wesen, diesen Spiegel, den ihm die Natur vorhält, gleichsam blank zu putzen, damit auch kein Zug des lebenathmenden Bildes verwischt oder getrübt erscheine — das ist seine Aufgabe und dazu sollen ihm auch alle die Regeln und Gesetze Anleitung geben, die auf das künstlerische Schaffen Bezug haben.

Wenn der Künstler sein Werk nach Maass und Zahl, Takt und Symmetrie gestaltet, was thut er anders, als dass er den Stoff vermenschlicht, ihm eine Form aufprägt, die er seinem Kopfe entnimmt, nicht der Erfahrung? Ebenso verhält es sich mit der Forderung, dass jedes Kunstwerk in sich abgeschlossen sei, ein Ganzes, dessen Theile unter sich und mit dem Ganzen in einem bestimmten Zusammenhange stehen. Alle die Vorschriften, die Aristoteles und nach ihm so viele andere dem poetischen Schaffen gemacht haben, laufen auf eine solche Vergeistigung des Stoffes hinaus.

Vom Dichter sagt Göthe:

> „Wodurch bewegt er alle Herzen?
> Wodurch besiegt er jedes Element?

> Ist es der Einklang nicht, der aus dem Busen dringt
> Und in sein Herz die Welt zurücke schlingt?
> Wenn die Natur des Fadens ewige Länge,
> Gleichgültig drehend, auf die Spindel zwingt,
> Wenn aller Wesen unharmon'sche Menge
> Verdriesslich durch einander klingt;
> Wer theilt die fliessend immer gleiche Reihe
> Belebend ab, dass sie sich rythmisch regt?
> Wer ruft das Einzelne zur allgemeinen Weihe,
> Wo es in herrlichen Accorden schlägt? —
> . . . .
> Des Menschen Kraft im Dichter offenbart."

Und jeder andere Künstler findet auf diese Weise allein den Rahmen und die innere Organisation seines Werkes — nicht von draussen kommt ihm das, sondern der Einklang, der ihm aus dem Busen dringt, der ordnet die Welt; seine geistige Auffassung, das ist der Zauberstab, mit dem er die Wirklichkeit berührt und sie zur Schönheit verklärt. Die einfachste Uebereinanderhäufung von Steinen wird dadurch, dass Maass- und Zahlbestimmungen an ihr hervortreten, zum Kunstbau, zur Pyramide. Durch Maass und Zahl verwandelt sich das geschäftsmässige Laufen oder das wüste Springen zum Tanz, wird das verstandesmässige Sprechen zum Verse, der sich direct an unser Herz wendet und unser Urtheil gefangen nimmt, noch ehe wir den Sinn der Rede gefasst haben; und zwei beziehungslos und nichtssagend nebeneinander liegende Streichhölzchen werden dadurch, dass man sie in eine die Absicht verrathende Lage zu einander bringt, zur Figur, also zu einem, freilich sehr primitiven, Kunstwerke, von dem ein weiter Abstand ist bis zur Sophokleischen Tragödie; aber beide haben doch das gemeinsam, der fassliche Ausdruck des menschlichen Willens zu sein — und just das macht sie zum Kunstwerke.

Das Hervortreten von Maass und Zahl bei vielen Kunstwerken hat bewirkt, dass man darin vorzugsweise das Wesen der Kunst, respective der Schönheit, hat sehen wollen. Wir denken dabei an Zeising's Anwendung der Lehre vom goldenen Schnitt auf die Aesthetik und Hogarth's Versuch, die Wellenlinie als allgemeines Schönheitsprincip einzuführen. Gewiss ist daran etwas Richtiges. Wenn wir in der Physik soweit wären, würden wir vielleicht auch entdecken, dass den harmonischen Farbenzusammenstellungen ebensogut bestimmte Zahlenverhältnisse zu Grunde liegen, wie den harmonischen Tonverbindungen. Aber was die Wissenschaft auch in dieser Beziehung schon festgestellt hat und noch feststellen mag, nie wird sich das geistige, formgebende Princip des künstlerischen Schaffens durch solche, wie überhaupt durch Regeln und Gesetze erschöpfen lassen. Das Alles sind mehr oder weniger nur Schablonen, deren sich der Künstler beim Entwurfe bedienen mag, wenn er sie gerade braucht, aber die höhere, feinere Arbeit, die Ausarbeitung, geschieht „aus freier Hand", ist Sache seines eigensten Einfalls und von ihm erworbener Geschicklichkeit, überhaupt ein ganz persönliches Thun — und zwar aus dem Grunde, weil das Geistige, oder das allgemein Menschliche, sobald es zur Erscheinung gelangen soll, immer wieder sich individualisiren muss; der Künstler bringt in seinem Werke zwar nur das zum Ausdruck, was er mit allen gemein hat, aber immer doch nur auf die ihm eigenthümliche Weise. Denn der Gott, der ihn beseelt, ist nicht nur das Eins, er ist auch das All, und ist so schaffensfreudig, dass er zwar sich immer wiederholen und immer wiederfinden will, aber immer wieder in einer anderen Gestalt, sowohl als Suchender wie als Gefundener.

Was kann man nun einem, der in diesem Geiste thätig sein soll, für Vorschriften geben, wie er es anfangen müsse, seinem Werke den Stempel seiner Individualität aufzuprägen und doch zugleich es so zu gestalten, dass es Aller Sympathie erregt, Allen gefällt? Aus seinen eigensten persönlichen Erlebnissen, inneren und äusseren, heraus muss das Kunstwerk erwachsen, im Ich wurzelt es — und doch soll es in der Form alle Besonderheit abgelegt haben und das Ich, das sich in ihm verkörpert hat, soll das Ich Aller repräsentiren. Wie das gemacht wird? Der Meister vollbringt es und der Schüler erstrebt es, aber keiner von beiden weiss eigentlich recht, wie es zugeht. Sie probiren eben so lange bis sie das deutliche Bewusstsein haben: jetzt ist es gelungen. Es ist eine eigene Sache mit dem künstlerischen Gewissen. Es sagt nicht eher sein Ja und Amen, als bis Alles in der Ordnung ist. Der Stümper, der Dilettant wird bei seinen Werken ein gewisses Gefühl der Verschämtheit nie los; es ist ihm immer, als hätte er seine Geheimnisse ausgeschwatzt, oder als sollte er ohne Kleider auf die Strasse gehen. Aber der Meister zögert nicht, auch seine letzte Hülle abzuwerfen, denn er erscheint in demselben Augenblicke nicht mehr als er selbst, sondern als ein Anderer, dessen Gewand ihn deckt oder dessen Gestalt auch ohne jedes Gewand den Leuten imponirt. Heinrich Heine hat nicht anders geliebt, als Herr X. Y. — vielleicht nicht einmal so rein und zart, so treu und wahr — und doch erregten des letzteren Liebesgedichte, als er sie schüchtern und bescheiden auf den literarischen Markt zu bringen wagte, nur Spott und Hohn, während des ersteren Sang alle Herzen mit unwiderstehlichem Zauber bestrickt und nach sich zieht, wie der Albleich der Frau Venus selber. — Wie hat er das angefangen? Er konnte es eben, und was er nicht konnte, das hat er gelernt. Denn jener noch sehr wohlmeinende Kritiker, der bei Besprechung des X. Y.'schen „Liebesfrühlings" die denkwürdigen Worte niederschrieb „es will Alles gelernt sein, selbst das Dichten" hatte nicht so unrecht; wenn es ihm auch Herr X. Y. sehr übel nahm. Nur, wie gesagt, mit Regeln und Vorschriften ist da wenig gethan. Der beste Lehrer bleibt immer die Beschäftigung mit der Sache selbst, das Probiren. Uebung macht den Meister, oder, wie unsere Nachbarn, die mit uns böse sind, hübsch sagen: A force de forger on devient forgeron.

Und das Schmiedehandwerk soll nicht leicht

sein, selbst nicht das der Reimschmiede und der übrigen Künstler. Man sagt sogar, dass die, die am meisten vor sich bringen, am meisten schwitzen müssen. Einige von ihnen haben es wenigstens selbst eingestanden.

„Oui j'écris rarement et me plais de le faire:
Non pas que la paresse en moi soit ordinaire;
Mais sitôt que je prends la plume à ce dessin,
Je crois prendre en galère une rame à la main."

So schreibt Alfred de Musset in Uebereinstimmung mit Mathurin Regnier. Und Schiller bestätigt es:

„Wenn, das Todte bildend zu beseelen,
Mit dem Stoff sich zu vermählen,
Thatenvoll der Genius entbrennt,
Da, da spanne sich des Fleisses Nerve,
Und beharrlich unterwerfe
Der Gedanke sich das Element.
Nur dem Ernst, den keine Mühe bleichet,
Rauscht der Wahrheit tief versteckter Born;
Nur des Meissels schwerem Schlag erweichet
Sich des Marmors sprödes Korn."

Und kürzer, wenn auch etwas weniger poetisch äusserte sich der berühmte Seydelmann: „Ohne Fleiss wird Niemand ein Künstler, und wäre er nüchtern und besoffen ein Genie." Jedenfalls vermag der reichliche Verbrauch geistiger Getränke den Fleiss nicht immer zu ersetzen, wie Einige meinen. —

Kann man es nun einem so an der Arbeit Sitzenden übel nehmen, wenn er einmal ungeduldig wird und denen, die ihm immer mit Rathschlägen zur Hand gehen wollen, zuruft:

> Was kann aus Eurem Kunstgeschwätz
> Lebendiges erspriessen?
> Ich kenne nur ein Kunstgesetz:
> Schaffen oder geniessen.

Ja Geniessen, darauf kommt's an. Geniessen will das Publikum — und alles Streben des Künstlers ist darauf gerichtet, sein Werk geniessbar zu machen. Und wenn er sich über seine Werke den Kopf hat zerbrechen müssen, so fordert er zunächst vom Publikum nur Eines: dass es die Augen aufsperre und — nicht weiter darüber nachdenke.

> „Welchen Leser ich wünsche? Den unbefangensten, der mich,
> Sich und die Welt vergisst und in dem Buche nur lebt."

Sagt der grösste deutsche Dichter. Und der grösste französische Dichter malt sich diesen idealen Leser, der ihm unter der Hand zur Leserin wird, in seiner Art weiter aus:

> „Vive le vieux roman, vive la page heureuse
> Que tourne sur la mousse une belle amoureuse!
> Vive d'un doigt coquet le livre déchiré
> Qu'arrose dans le bain le robinet doré!
> Et que tous les pédants frappent leur tête creuse,
> Vive le mélodrame où Margot a pleuré!

In diesem Sich und die Welt vergessen, in diesem mit dem Künstler Lachen und Weinen, diesem ganz Sich hingeben, ganz Aufgehen im Kunstwerke, beruht dessen specifische Wirkung. Die Vereinigung ist vollbracht, der Stoff hat den Geist in sich aufgenommen, alles Sehnen und Wünschen ist gestillt. Was die Wirklichkeit uns ahnen liess, hier wird es zur Gewissheit: die Identität des Einen und des Alls. Daher das hohe Gefühl der Befriedigung, durch welches das Kunstwerk seine Echtheit, seine göttliche Abstammung documentirt. Wo dieses Gefühl sich nicht einstellt, sondern statt dessen nur stoffliche Wirkungen erreicht werden, d. h. solche, welche die Wirklichkeit auch ausübt, wie die Erregung von Mitleid, oder Abscheu, oder Wissbegierde oder Allem, was uns in die Wirklichkeit wieder zurückzieht, statt uns aus ihr herauszuführen, und uns treibt, uns in anderer Weise mit ihr zu beschäftigen, als nur mit einer Erscheinung, — da ist der eigentliche Kunstzweck eben nicht erreicht, das Kunstwerk ist verfehlt, die Form nicht zu der Klarheit, Deutlichkeit, Fasslichkeit herausgearbeitet, durch welche sie uns entzückt und über alle sonstigen Beziehungen zur Wirklichkeit hinweghebt in das Gebiet der reinen Anschauung, des Geniessens der Erscheinung.

> „Nicht der Masse qualvoll abgerungen,
> Schlank und leicht, wie aus dem Nichts gesprungen,
> Steht das Bild vor dem entzückten Blick.
> Alle Zweifel, alle Kämpfe schweigen
> Vor des Sieges hoher Sicherheit;
> Ausgestossen hat es jeden Zeugen
> Menschlicher Bedürftigkeit." —

Der Künstler selbst konnte ja sein Werk nicht eher beginnen, als bis er sich aus den Umschlingungen der Wirklichkeit losgelöst, sich befreit von allen Leidenschaften und irdischen Trieben, und sich der

Wirklichkeit als rein Beschauender gegenübergestellt hatte.

> „L'homme n'écrit rien dans le sable
> A l'heure où passe l'aquilon."

Erst wenn der Sturm der Leidenschaften vorübergebraust ist, vermag der Mensch sich Rechenschaft darüber zu geben, was geschehen — welche Verwüstungen etwa angerichtet sind — und mit dem Acte seines Willens, durch den er aus einem Leidenden ein Thätiger wird, indem er sich daran begiebt zu prüfen, zu schauen und das, was er geschaut hat festzuhalten in der Form, in der er es jetzt auffasst, in der er es begriffen hat nach seiner Wesenheit — damit beginnt sein Werk, dessen Gelingen ihm selbst den höchsten Genuss bereitet. Und mit ihm flüchten auch wir, die nur sein Werk Geniessenden, aus der Schulstube des Lebens auf den Spielplatz der Kunst; — denn ein Spiel ist sie, aber ein göttliches, das uns von allem Jammer befreit. „Was ist ihm Hekuba?" fragt Hamlet. Und der alte Schauspieler, wenn er zufällig auch ein „denkender" Künstler gewesen wäre, hätte ihm antworten können: „Nichts, mein Prinz. Ich habe die alte troische Landesmutter nie gekannt und mir über ihr Loos nie den geringsten Kummer gemacht. Wenn ich weine, so weine ich über die schönen Verse und über den Ton meiner eigenen Stimme, aber es sind keine Thränen des Mitleids, oder des Schmerzes, sondern Thränen der reinsten Freude, der Erleichterung und Befreiung, Thränen der Freude darüber, dass ich mich und mein Weh so verständlich machen und andere damit rühren und begeistern kann — kurz der Freude an der Kunst." —

Und dass diese Freude an der Kunst eben nur eine Freude an der Form ist, eine Freude, die gar keine stoffliche Beimischung fordert, sondern, im Gegentheil, eine solche aufzuheben strebt, oder vielmehr nur dadurch möglich wird, dass sie alle stofflichen Interessen beseitigt, das empfindet Jeder —, der überhaupt mit einer derartigen Empfindungsfähigkeit ausgestattet ist. Unmittelbar überzeugend wirkt das echte Kunstwerk; es soll nicht zum Verstande sprechen, denn der Verstand kann sich wohl bemühen, die vom Kunstwerk ausgehende Wirkung bis zu einem gewissen Grade zu erklären, d. h. zu zeigen, auf welchen Einzelheiten sie beruht, aber er kann sie nicht hervorrufen, ja nicht einmal vermitteln. Wer kritisirt, der ist schon nicht mehr bei der Sache. Es ist auch nichts weiter hinter dem Kunstwerk zu suchen, keine Bedeutung in dem Sinne, dass es an etwas anderes erinnern solle, als an das, was es vorstellt, keine sogenannte Idee, die etwa dem Künstler „vorgeschwebt" habe, und von der sein Werk nur eine mehr oder weniger gelungene Nachbildung sei — und besonders kein abstracter Gedanke. Alles was es ist, ist es von aussen, dadurch unterscheidet es sich von allem andern Wirklichen — das Wesen ist ganz in der Erscheinung aufgegangen. Und wenn Jemand durchaus noch etwas anderes hinter dem Kunstwerke suchen will, als das, was es seiner sinnlichen Wahrnehmung darbietet, so kann es nur jenes gestaltende künstlerische Ich sein, das allgemein menschliche Denken und Empfinden, das mit dem Stoffe ringende und sich davon losringende, formsuchende und formgebende und desshalb in unendlicher Qual und in unendlicher Wonne zur Zeugung drängende Wünschen und Wollen. — Aber man wird dieses Ich auch nur entdecken, soweit es dem Künstler gelungen ist, sich im Kunstwerk einen Ausdruck zu schaffen, sich verständlich zu machen, d. h. sich mit dem, zu dem er spricht, zu identificiren. Und so wird sich ergeben, dass das, was der Suchende findet, eben nichts anderes ist, als immer nur wieder er selbst — in Gestalt des Anderen. Sich selbst hat der Künstler in das Kunstwerk hineingearbeitet — und sich selbst und nicht mehr wird der Beschauer im Kunstwerke finden.

Desshalb wird uns auch das echte Kunstwerk nie langweilig, weil es uns immer von dem erzählt, was uns am meisten, ja allein am Herzen liegt, nämlich von uns selbst. Dieses ist die tiefere Begründung des etwas frivol klingenden Voltaire'schen Ausspruchs, dass jede Kunstgattung erlaubt sei hors le genre ennuyeux. — — —

Darüber wären wir also hoffentlich im Klaren. Ein geheimnissvoller, nie zu ergründender Vorgang bleibt es aber stets, wie die Erscheinung dazu kommt, eine Offenbarung des Geistes zu werden, wie durch ein sichtbares oder hörbares Zeichen der Einzelne dahin gebracht wird, sich als Anderes, als Allgemeines zu empfinden. Diese Wandlung wird sowohl für den Schaffenden wie für den Geniessenden ein ewiges Räthsel sein. Die Thatsache vollzieht sich vor unsern Augen, aber wir können sie uns nicht erklären. Und insofern ist man wohl berechtigt, von einem Mysterium der Kunst zu sprechen.

Und wie alle Mysterien, so ist auch dieses der Missdeutung und dem Missbrauche ausgesetzt.

Wenn z. B. ein hochberühmter Aesthetiker noch in jüngster Zeit öffentlich Sätze zum besten giebt wie: „Wir wollen die Berechtigung nicht verkennen, welche dem Idealismus gegenüber das treufleissige Naturstudium, die feinere Ausbildung des Farbensinnes, die Erfassung der unmittelbaren Wirklichkeit und die Einkehr der Kunst in das tägliche Leben hat", so verräth er eine Ansicht über künstlerischen Idealismus und Realismus, die ebenso verbreitet als falsch ist. Wie? Rafael und Michel Angelo studirten die Natur nicht treufleissig? Holbein besass keinen Farbensinn und Dürer hat nicht die unmittelbare Wirklichkeit erfasst? Oder zählt der gelehrte Mann diese Meister nicht zu den Idealisten? Aber mit was anderem erzielt denn überhaupt irgend ein Maler eine Wirkung, wenn nicht mit der Farbe? Ist nicht jeder Künstler ganz und ausschliesslich, um eine Idee auszudrücken, auf die Mittel angewiesen, die ihm seine Kunst zur Verfügung stellt? Will es denn gewissen Köpfen nie einleuchten, dass das, was man den geistigen Ausdruck im Menschenant-

litz nennt, auch nichts anderes ist, als ein Spiel von
Licht und Schatten, freilich ein so feines, dass ein
sehr scharfes Auge und eine sehr geübte Hand dazu
gehören, um diesen Ausdruck zu erfassen und wie-
derzugeben? Und wenn man Rafael einen grösseren
Maler als David de Heem nennt, so geschieht dies,
nicht weil er ein grösserer „Idealist" ist — im Sinne
des Herrn Professors nämlich, für den Idealismus
so etwas zu bedeuten scheint wie Frömmigkeit, Er-
habenheit oder dergleichen —, sondern lediglich weil
eine grössere Kunstfertigkeit zum Malen einer Ma-
donna gehört als dazu, eine Weintraube auf die
Leinwand zu bringen. Die Idee, die nicht für das
Gesicht oder für das Ohr da ist, die ist in der Kunst
überhaupt nicht da, und wenn ein Aesthetiker es
fertig bringt, sie in ein Kunstwerk hinein- oder aus
ihm herauszuinterpretiren, so ist das ein Kunststück,
das mit der Kunst absolut gar nichts zu thun hat.
Hier kann nur von den Ideen die Rede sein, die der
Künstler vermöge seines Könnens realisirt hat. Und
ad vocem „realisiren" waren etwa die grossen Realisten, die Niederländer, nicht zugleich die grössten
Idealisten, da es ihnen gelang, Geist, Sympathie,
Anziehungskraft durch ihre Behandlung von Stoffen
zu erregen, die an sich alle Welt anwidern und ab-
stossen mussten? Kann man nicht mit vollem Rechte
einen Verboeckhoven, und wenn er auch nur Schafe
malte, einen grösseren Idealisten nennen, als alle die
Nazarener zusammengenommen, die aus dem Lamm
Gottes ein Zerrbild machten? Vom ästhetischen

Standpunkte aus, natürlich! Aber auf dem sollte doch wohl ein Professor der Aesthetik stehen.

In Hinsicht auf solche Begriffsverwirrung ist es allerdings sehr weise, diese ganze Terminologie fallen zu lassen und das Mysterium zu vermeiden. Fiedler in seinem Werke — aus dem diese kleine Abhandlung hervorgegangen ist — hat sich dazu entschlossen.

Er lässt die künstlerische Thätigkeit da ihren Ursprung nehmen, wo sie sich von den übrigen Thätigkeiten des menschlichen Geistes abzweigt, und lässt sie da endigen, wo sie wieder in den allgemeinen Strom einmündet, der die Menschheit zu ihrer Bestimmung trägt; betrachtet sie also lediglich als einen Vorgang, „der mit der Wahrnehmung des Gesichtssinnes beginnt und mit der äusserlich sichtbaren Darstellung endet." Und einfach „Thätigkeit" nennt er diesen Vorgang — womit freilich, wie schon erwähnt, nichts anderes gesagt ist, als was wir sagen; denn eine Thätigkeit ohne Subject, d. h. ohne Geist und Willen ist nicht denkbar und schon im Begriffe der Thätigkeit liegt der Idealismus. Aber dem Missbrauche und der Missdeutung ist diese abstracte, einfache Terminologie weniger ausgesetzt, und Fiedler speciell ist es gelungen, innerhalb der von ihm gesteckten Grenzen ein so festes logisches Bollwerk herzustellen, dass alle falschen Idealisten und Realisten vergeblich dagegen anstürmen würden; einen ehernen Felsen, von dem sich auch nicht das kleinste Splitterchen loslösen, und an dem sich nicht die kleinste Klammer anbringen lässt, dass der Irrthum an ihm emporklettern könnte.

Andererseits sind die von uns im Vorhergehenden gebrauchten Redewendungen und Bilder als Resultate einer jahrtausendelangen philosophischen Arbeit so in das allgemeine Denken übergegangen, dass sie, wo es sich um einschlagende Betrachtungen handelt, vermisst werden, wenn sie fehlen, und dass ein Werk, wie das genannte, das sich dieser Ausdrucksweise nicht bedient und überhaupt jeder philosophischen Speculation aus dem Wege geht, uns fast befremdet. Aber wer sich mit dem, was thatsächlich geleistet ist, erst bekannt gemacht hat, dem wird das Fiedler'sche Buch allen den im Umlaufe befindlichen Unklarheiten und absichtlichen Entstellungen gegenüber wie eine rettende That erscheinen.

IV. Der Erfolg.

Ein solches Werk ist das Kunstwerk, eine solche Vermehrung des geistigen Besitzthums der Menschheit; eine solche Wirkung geht von ihm aus, so dass es ebenbürtig dasteht neben den anderen grossen, befreienden und erlösenden Mächten, die den Menschen durch's Leben geleiten und erheben über alles Uebrige, was da kreucht und fleugt, neben der

Wissenschaft, die im Glauben gipfelt, und neben der sittlichen That.

Und wenn der Künstler dieses, sein Befreiungs- und Erlösungswerk glücklich vollbracht hat —, so kann er wohl in aller Bescheidenheit seinen Hut abnehmen und durch eine leichte Kopfbewegung andeuten, dass er sich bedanke — in der Voraussetzung natürlich, dass das Publikum . . .

Aber wie sollte es auch nicht hingerissen sein? Das echte Kunstwerk muss ja wirken?

Hat er, der Künstler, denn nicht Alles gethan, was in seinen Kräften stand? Hat er nicht seine Schöpfung mit all' dem Liebreiz ausgestattet, der nicht wie ein gleissender Schmuck von aussen umgehängt wird, sondern aus dem Innern herausleuchtet? Hat er ihm nicht aus seiner eigenen menschlich fühlenden Brust den lebendigen Odem eingehaucht, das Auge beseelt, der Stimme den zauberischen Klang verliehen, der alle Herzen bezwingen muss? Nicht eher entliess er es ja aus seiner Werkstatt, als bis jede Faser ausgefüllt war mit dem Geiste seines Schöpfers, mit jenem Geiste, der auch in allen den anderen lebendig ist, die ihm jetzt gegenübertreten — so kalt und fremd! Erkennen sie dich nicht? Wohnt in ihnen nicht derselbe Geist, dieselbe Empfindung, die dich in's Dasein riefen? Wohnt in ihnen nicht das Allgemeine? Oder hat dein Schöpfer sich über sich selbst getäuscht? Ist er ein Besonderer, ein Fremdling, der eine andere Sprache redet, andere Wünsche in seinem Busen hegt, in einer anderen Welt lebt, als jene, die jetzt so theilnahmlos an seinem Werke vorübergehen?

O nein, armer Künstler, Du hast dich nicht getäuscht, weder in Anderen, noch in dir selbst. Dein Werk ist wirklich das Werk eines echten Künstlers — und die ihm den Rücken kehren sind echte Menschen, Menschen wie Du . . .

„Nun, dann lügen die Principien, lügt die Logik", unterbrichst du mich. „Muss das Allgemeine nicht interessant sein; ist es nicht nur desshalb interessant, weil es das Allgemeine ist? Hast du nicht soeben selbst stundenlang geschwatzt, um das zu beweisen, und war der langen Rede kurzer Sinn nicht der, dass etwas nur dann ein echtes Kunstwerk zu nennen sei, wenn es Allen gefiele? Wenn das Alles wahr sein soll — und das Gegentheil davon auch, was soll man denn dann glauben?"

Lieber Freund, ich habe einen alten Gesanglehrer gekannt, der behauptete, alle Menschen wären zum Sänger oder zur Sängerin geboren, und wenn sie es nicht bis zum Wachtel oder zur Patti brächten, so läge das nur daran, dass sie nicht bei ihm Singestunde nähmen. — Etwas Wahres war an dieser barocken Ansicht immerhin. Ist es auch sicher, dass jeder einzelne Mensch den Normalmenschen in sich trägt, so fehlt ihm doch leider sehr oft der zur Entwickelung dieser Normalität nöthige Gesangunterricht.

Und wenn es schwer ist, wie du ja aus Erfahrung weisst, die geheimnissvolle Schrift, die dir jetzt so geläufig ist, schreiben zu lernen, so ist es auch nicht leicht, sie lesen zu lernen — und wer's gelernt hat, der klemmt sich zum Lesen nur allzuoft die Brille der Vorurtheile und des Eigennutzes auf die Nase.

Es giebt eben auf der Erde noch andere Mächte, als die sogenannten idealen, und speciell der Allgemeinheit steht eine solche Macht gegenüber, von der du keine Ahnung gehabt zu haben scheinst, als du dich an die Arbeit setztest, und das war auch recht gut. Aber jetzt schadet's nichts mehr, dass du ihre Bekanntschaft machst, sei es nun um sie zu bekämpfen, oder um sie verachten zu lernen — und das letztere ist das schwerere, denn sie tritt in sehr imponirender Gestalt auf, diese Macht — grosse Geister lassen sich aber nicht von ihr imponiren und scheuen sich nicht, sie beim rechten Namen zu nennen.

„Denn aus **Gemeinem** ist der Mensch gemacht" sagt z. B. der grobe Schwabe Schiller. Und der noch gröbere Frankfurter Göthe drückt sich noch deutlicher aus:

> „Ueber's Niederträchtige
> Keiner sich beklage,
> Denn es ist das Mächtige,
> Was man Dir auch sage."

Und auch jener seltsam tiefe griechische Denker, der, fünfhundert Jahre vor Christus, der All-Einslehre einen so kraftvollen sprachlichen Ausdruck verlieh, kannte dieses Mächtige und wusste auch, in welchen unerschöpflichen Boden es seine starken Wurzeln schlägt. „Während aber der Logos (die Vernunft)", sagt Heraklit, „eine gemeinsame ist, lebt die Masse der Menschen, als wenn sie eine eigene Vernunft hätten." Diese eigene Vernunft, dieses Besondere, dieses Egoistische des Einzelnen, dieses Gemeine — das ist also die Macht, die sich gegen den Erfolg des Idealen stemmt, das ist die Mauer, die der Künstler durchbrechen muss — so gut wie jeder Andere, der zum Allgemeinen gelangen will.

Der Mensch ist eben nicht nur zum Bauen da, sondern er wird auch manchmal gezwungen, das Gebaute mit dem Schwerte zu vertheidigen. Also geh und kämpfe!

Oder hast du keine Lust zu kämpfen; hältst du dich nicht für dazu berufen, oder glaubst du's nicht nöthig zu haben? Nun, so warte!

Nur musst du dann nicht ungeduldig werden und musst dir an dem Troste genügen lassen, dass das Allgemeine doch am Ende noch stärker ist, als das Gemeine, indem das Gemeine zwar die Menschen als Masse beherrscht, aber das Allgemeine die Menschheit als Ganzes leitet. Und so wird es dir zuletzt auch noch dein Publikum zuführen. Nur musst du, wie gesagt, die Geduld nicht verlieren — und recht alt werden. —

Uebrigens wird ja auch von verschiedenen Seiten behauptet, dass alles Gutthun seinen Lohn in sich selbst trage. Berichtet doch u. a. der vortreffliche alte Professor Plutarch ein allerliebstes Bonmot von einem Flötenspieler Namens Kanus, der gesagt haben soll: „Wenn meine Zuhörer wüssten, wie viel mehr mir mein Spiel Vergnügen bereitet, als Anderen, so würden sie Lohn von mir fordern, statt ihn zu geben."

Trotzdem ist zu vermuthen, dass er auch den Lohn von Anderen nicht ungern genommen hat. Denn selbst Flötenspieler wollen leben!

Druck von J. B. Hirschfeld in Leipzig.

Verlag von C. L. Hirschfeld in Leipzig.

Rembrandt als Erzieher.

Von

einem Deutschen.

309 Seiten gr. 8°. Preis ℳ 2.—

Siebente Auflage.

Dieses von vaterländischem Geiste erfüllte Buch hat in ganz Deutschland das größte Aufsehen erregt, so daß innerhalb der ersten 3 Monate nach Erscheinen sechs starke Auflagen abgesetzt wurden.

Der ideale Gehalt und die ethische Tendenz, die vereint erfolgreich der heute sich spreizenden materialistischen Weltauffassung den Krieg erklären, sichern „Rembrandt als Erzieher" einen dauernden, kulturellen Werth!